FRAYER

**ÉDITIONS LA PEUPLADE**
339b, rue Racine Est
Chicoutimi (Québec)
Canada G7H 1S8
www.lapeuplade.com

**DISTRIBUTION POUR LE CANADA**
Diffusion Dimedia

**DIFFUSION ET DISTRIBUTION
POUR L'EUROPE**
CDE-SODIS

**DÉPÔTS LÉGAUX**
Bibliothèque et Archives
nationales du Québec, 2015
Bibliothèque et Archives
Canada, 2015

ISBN 978-2-924519-05-9
© MARIE-ANDRÉE GILL, 2015
© ÉDITIONS LA PEUPLADE, 2015

.

Les Éditions La Peuplade reconnaissent
l'aide financière du gouvernement
du Canada pour ses activités d'édition
et remercient le Conseil des arts du
Canada, la Société de développement
des entreprises culturelles du Québec
(SODEC) et le gouvernement du Québec,
par l'entremise du Programme de crédit
d'impôt pour l'édition de livres du Québec
(gestion SODEC), du soutien accordé
à son programme de publication.

# FRAYER

*Marie-Andrée Gill*

LA PEUPLADE **POÉSIE**

*Nos morts ne s'envolent pas sinon en nous-mêmes comme les enfants que nous avons et qui fraient leur chemin dans l'intérieur.*

P aul -M arie L apointe

Nous autres les probables
les lendemains
les restes de cœur-muscle
et de terre noire

Nous autres en un mot :
territoire

On a appris à contourner les regards à devenir
beaux comme des cimetières d'avions

à sourire en carte de bingo gagnante

Frayer
à même la cicatrice
frayer

# LE REMPART

*Au lac, le poisson qu'on cherche c'est
la ouananiche. En ilnu ça signifie :
« Celui qui se trouve partout » ou
« Le petit égaré ».*

si je ne touche pas les lignes du trottoir
si je me rends au troisième lampadaire sans
m'arrêter de courir
tout va bien aller

ça n'existe pas c'est dans ma tête
l'air de rien j'ai assez d'ongles pour
m'accrocher au désordre

le lac gruge un peu plus le ciment les gencives
en sang

et j'ai envie que tout ça finisse au plus vite
comme ce premier french sur le rempart


(nous sommes partout égarés)

des bancs
des cèdres taillés
et là, géants
quatre tipis de béton

dessus, des gravures
un castor
des raquettes
un canot, un ours
gris ciment
gris évolution
l'histoire tracée dans la fadeur

Le rempart

un temps impossible, gelé
des poussettes, des gars chauds

jour et nuit les chiens

jour et nuit le pissenlit pousse
dans la craque du béton

et devant le lac,
une chance,
le lac.

ses vagues de flammèches
ramanchant l'homme
une goutte à la fois

sur la rue principale
nous dessinons la migration du gibier
et les courbes de la Bourse à la craie

nous mettons sous verre
le frisson d'éplucher les marguerites
nous comptons les pétales pour être sûrs
d'être aimés dans le jour mûr du silence

« Nous avons un plan pour vous », disent-ils.
Et nous rions. En plastrant les fantômes restés collés
sur la tempête de nos corps
nous rions.

# LA RÉSERVE

*Au début de l'été, la ouananiche remonte vers
sa rivière natale, un affluent du lac où elle vit,
grand aux eaux froides et claires,
à fond de roches.*

Je suis un village qui n'a pas eu le choix.

lécher la surface de l'eau avec la langue que je
ne parle pas

le jour me soulève sur ses épaules pour regarder
le cutex à moitié enlevé des mémoires
le pelage du béton sur nos peaux de farouches

comment prédire autre chose
que des miracles croches
de toute façon

Une chance le soir il y a l'aréna et se manger
les amygdales derrière le poste de police
il y a faire danser les aurores boréales au
                                    nintendo
les barils de poulet de l'allocation du vingt
les joyeux festins de la fête à personne
il y a les fins de semaine dans le bois
et les perdrix à tordre.


Et le lac, une chance, le lac.

une seule chose tempère : l'eau douce

la première plage
la baie des Boivin, le cran
le site communautaire
les escaliers du rempart
au bout des pics de roches
l'île aux Couleuvres
la chaloupe à moteur
le canot de fibre de verre
embarqués sur une pitoune
sur le bleu pâle d'un styrofoam


(toutes les plus belles plages sont payantes)

Caresser la cassure, la parole

ce moment où personne ne me dit
à quoi je devrais ressembler.

Dans des maisons toutes pareilles les femmes brodent
ton futur sur des mocassins qu'elles vendent
aux touristes. La lumière est là comme elle manque.

Timushum m'a dit : « Juste les orages parlent encore
des vraies affaires. »

Je me suis levée de bonne heure pour regarder
le soleil fourrer avec le lac,
j'ai pincé un cil entre mes doigts, bu ton visage
à même la bouteille
à force de tous ces peut-être trop grands
pour moi.

quoi faire de sa peau : la tendre
l'assouplir
de nos mains de chargeur vide

l'agrandir, la peau
de notre regard d'animal
comme un autre

Comment avaler la beauté du lac avec tous ces fantômes à mâcher dans le poumon de plastique. Je suis dans le niveau sous l'eau d'un jeu vidéo au moment où la petite musique de quand t'as pu d'air commence.

aspirer un one-night en faisant le vide
les rivières tatouées du dedans mal ravalées
autant qu'en sniffant des étoiles
sur le comptoir du lavabo

il faut que le lac prenne


(sortir de ces quinze kilomètres carrés)

chercher sans relâche
quoi faire de sa peau

par les petites rues les chemins de bois
les raccourcis de cimetière et de chemin de fer
chercher

chercher

Cette impression d'avoir trop ri :
notre pouvoir.

Je veux l'Amérique comme elle te ressemble de la voix.
Je la veux de nos sangs bardassés,
nos sangs couleur pow-wow de la terre
qui tremble de la gorge
quand elle nous voit faire la file
devant les micro-ondes.

Les sapins dansent en slow motion et la terre
d'orgasme vibre
de mes doigts ramenant la braise.

Je veux le vertige comme une promesse
et enfin manger la beauté cruelle
des arcs-en-ciel dans les flaques de gaz.

# L'ADOLESCENCE

*Presque toujours, la ouananiche*
*survit à la fraie.*

voir le cadeau au fond de la vingt-quatre
à ne plus savoir compter jusqu'à mauve
la peur du possible et de *toutes ces choses*
*que je ne ferai jamais*
si je ne retrouve pas
l'autre nord

je ne suis rien quand je me réveille avec pu de
                                              bobettes
et ma mue m'exauce comme un couteau


la veille m'échappe
c'est la photo de classe aujourd'hui

moi aussi j'ai hâte que tu sortes de ta famille d'accueil
même si l'autre fois je disais non et tu as pris mon cul
je t'aime pareil faut juste plus en parler pis ça va aller
*love u 4-ever* c'est écrit dans mon agenda c'est écrit sur
les bancs le ciment les arbres

le p'tit cœur se referme comme un pissenlit à la
noirceur
les mouettes font du surplace dans le vent
du mauvais bord de tes feux de forêt des mains
sur mon cou

Jouer avec une punaise dans le cours de math.
Téter le sang du prénom
écrit sur mon bras.

une poffe à dix à essayer de se désamorcer la mort avec
un boiler en forme de pénis
parce que nous n'existons que pour rire de nous-mêmes
et nous chercher la nuit

allez viens je t'emmène dans ma chambre faire l'amour
pour la première fois
que je me rappellerai pu

vendredi je me sauverai par ma fenêtre
on trouvera quelqu'un pour nous sortir de la
                                        bière
on fera de la galerie quelque part
et je perdrai la tête sur toi
mais on aura une histoire juste à nous deux
même si les mots nous manquent
pour s'inventer

nous sommes le monde
mais nous le savons pas

s'éclabousser le beau,
marcher par accroires :

toi tu serais
moi je serais
pis là on serait allés à
pis on aurait fait
pis t'aurais dit
pis j'aurais dit

nous apprenons par cœur
la logique des nœuds
de toutes les démesures

l'internet trouant la pénombre
dans nos yeux de rouges-gorges
pas capables de voler comme du monde

Les humains ont des couleurs de pas de bon
                                        sens
comme la viande en dessine
au soleil.

des fois le ciel met ses leggings en étoiles
et crache sa chaleur de sperme
dans la grande bouche du lac

c'est toujours là que le coloriage
du gaz mixé palpite en deux temps
sur les organes intérieurs
de nos soutes d'hiver

une chance
ta joie de vivre
d'orangeade au fusil à eau
assouplit les fêlures que le temps
a déjà grattées sur mon dos

nos rêves sentent la boucane et dessinent
un voilier d'oies blanches
sur le plafond des possibles

j'ai dans le ventre un ski-doo la nuit sur
                                        l'asphalte
avec toutes les étincelles que ça peut faire

la clarté palpite
là où l'angle de nos corps s'écrase
rose très rose comme toujours


(personne ne passe la débroussailleuse
sur les restes d'amours manquées)

il est parti avec
juste sa bite et son couteau
pour se réincarner multicolore
dans une promesse de rat musqué

Et quand la nuit ferme les fêtes les lièvres se désha-
billent tout seuls, le sexe barbouillé de longues tem-
pêtes. C'est là peut-être on ne sait plus que le corps,
oui le corps, retrouve sa plus belle misère du blanc des
yeux.

# PIEKUAKAMI : LE LAC

*Les ouananiches adultes ont le choix :*
*retourner vers le lac ou hiverner*
*dans de grandes fosses de la rivière*
*pour redescendre au printemps.*

je prends la glace par les hanches
le lac s'emmêle dans sa propre lumière
et fait craquer ses doigts dans les crevasses

nous nous baignons dans le mal de vivre de
l'asphalte chaud
en attendant de trouver la parole habitable
ou de gagner quelque chose au gratteux
pour partir dans le bois pour toujours

passer le doigt au béton frais du rempart
écrire un prénom, jamais le même,
devant le lac et ses branchies de ciel cru
où le vent siffle une chanson country toujours


c'est l'heure dégrisée
de la soif d'eau juste

on se demande la couleur d'un mal de gorge
lâché lousse

avant même sa naissance
un loup cervier faisait déjà ses griffes
sur les parois de l'œsophage tendre
des noyés d'avance

maintenant voilà nous avons
des flottes jaune-orange
et des nageoires de phoque
pour ouvrir des yeux

crever les eaux du lac
graver l'écorce de ses épaules
là où les saumons d'eau douce boivent
le lait de nos cœurs en friche

les armes se découpent à coups de dents
je le sais nous sommes
le plumage du bleu
la symétrie des épinettes
et le langage de la grêle

manger le corned beef froid des heures
                              inhumaines
le macaroni long des soirées avalées de travers
j'abandonne à la lisière un prénom
laissé à la fin de mon fouillis exactement

avec un restant de sucette dans le cou

boire la mouille de la glaise
toute la vodka du fjord

en frottant des ballons sur nos cheveux
nous étalerons un peu plus de ketchup
sur la chair malade de l'homme
et mettrons au monde un printemps
de seven-up dégazé

les ouananiches remontent l'aquarelle
de nos organes en fleur
le temps d'avaler l'évidence
de nos peaux de bêtes mutantes

le col ouvert à dix centimètres savoir vivre
c'est arrêter de faire semblant
c'est lécher son assiette et les os
jusqu'à ce qu'il n'y ait plus rien que l'écho
de nos rires où les rapaces attendent de dévorer
le futur

il y a déjà le fardeau de naître
entre les vertèbres de chaque épaisseur de la
                                        glace
et de ne pas connaître l'abrupt des horaires

par ici on flatte le chaos
comme le meilleur avenir possible de l'homme
quand il se contente du cadeau glauque de la vie
offerte en quelques paiements faciles

nous sommes
des bêtes sauvages
et la même lumière
apprenant par cœur pêle-mêle
l'inhibition de la douleur

nous avons des centaines d'années
de cataclysmes à portée de main
il y a des signes installés côte à côte
dans le pastel des veines de la vie nomade

L'amoncellement de nos regards :
les siècles


(je ne fais qu'essayer de ressembler
à cette vieille eau dont je suis l'enfant)

Au milieu de la trajectoire
du bleu-gris des yeux du lac presque calé
il y a notre rêve : une femme debout
de tous ces hivers-mondes
accumulés dans la glace à refaire.

*La ouananiche demeure en lac, alors que le saumon atlantique migre en mer pour une partie de son cycle vital. Excepté cette différence, la ouananiche et le saumon atlantique sont la même espèce.*

## REMERCIEMENTS

*Tshinishkumitin* Jonathan Lamy et Max-Antoine Guérin pour l'aide et la vision poétique.

*Tshinishkumitin* Mylène Bouchard, Simon Philippe Turcot et Sophie Gagnon-Bergeron de La Peuplade. Vous êtes hot.

Merci au Conseil des arts du Canada.

AUX ÉDITIONS LA PEUPLADE

## FICTIONS

BACCELLI, Jérôme, *Aujourd'hui l'Abîme*, 2014

BOUCHARD, Mylène, *Ma guerre sera avec toi*, 2006

BOUCHARD, Mylène, *La garçonnière*, 2009

BOUCHARD, Mylène, *Ciel mon mari*, 2013

BOUCHARD, Mylène, *La garçonnière (nouvelle édition)*, 2013

BOUCHARD, Sophie, *Cookie*, 2008

BOUCHARD, Sophie, *Les bouteilles*, 2010

BOUCHET, David, *Soleil*, 2015

CANTY, Daniel, *Wigrum*, 2011

CARON, Jean-François, *Nos échoueries*, 2010

CARON, Jean-François, *Rose Brouillard, le film*, 2012

DESCHÊNES, Marjolaine, *Fleurs au fusil*, 2013

DROUIN, Marisol, *Quai 31*, 2011

GUAY-POLIQUIN, Christian, *Le fil des kilomètres*, 2013

LAVERDURE, Bertrand, *Bureau universel des copyrights*, 2011

LEBLANC, Suzanne, *La maison à penser de P.*, 2010

LÉVEILLÉ, J.R., *Le soleil du lac qui se couche*, 2013

Mc CABE, Alexandre, *Chez la Reine*, 2014

SCALI, Dominique, *À la recherche de New Babylon*, 2015
TURCOT, Simon Philippe, *Le désordre des beaux jours,* 2007
VERREAULT, Mélissa, *Voyage léger*, 2011
VERREAULT, Mélissa, *Point d'équilibre*, 2012
VERREAULT, Mélissa, *L'angoisse du poisson rouge*, 2014

## POÉSIE

ACQUELIN, José, Louise DUPRÉ, Teresa PASCUAL, Vìctor SUNYOL, *Comme si tu avais encore le temps de rêver*, 2012

BERNIER, Mélina, *Amour debout*, 2012

CARON, Jean-François, *Des champs de mandragores*, 2006

DAWSON, Nicholas, *La déposition des chemins*, 2010

DULUDE, Sébastien, *ouvert l'hiver*, 2015

DUMAS, Simon, *La chute fut lente interminable puis terminée*, 2008

GAUDET-LABINE, Isabelle, *Mue*, 2011

GAUDET-LABINE, Isabelle, *Pangée*, 2014

GILL, Marie-Andrée, *Béante*, 2012

GILL, Marie-Andrée, *Béante (réédition)*, 2015

GILL, Marie-Andrée, *Frayer*, 2015

GRAVEL-RENAUD, Geneviève, *Ce qui est là derrière*, 2012

LUSSIER, Alexis, *Les bestiaires*, 2007

NEVEU, Chantal, *mentale*, 2008

NEVEU, Chantal, *coït*, 2010

OUELLET TREMBLAY, Laurance, *Était une bête*, 2010

OUELLET TREMBLAY, Laurance, *salut Loup!*, 2014

OUELLET TREMBLAY, Laurance, *Était une bête (réédition)*, 2015

SAGALANE, Charles, [29]*carnet des indes*, 2006

SAGALANE, Charles, [68]*cabinet de curiosités*, 2009

SAGALANE, Charles, [51]*antichambre de la galerie des peintres*, 2011

SAGALANE, Charles, [47]*atelier des saveurs*, 2013

TURCOT, François, *miniatures en pays perdu*, 2006

TURCOT, François, *Derrière les forêts*, 2008

TURCOT, François, *Cette maison n'est pas la mienne*, 2009

TURCOT, François, *Mon dinosaure*, 2013

TURCOT, Simon Philippe, *Renard*, 2015

**RÉCIT**

APOSTOLIDES, Marianne, *Voluptés,* 2015
CANTY, Daniel, *Les États-Unis du vent,* 2014
LA CHANCE, Michaël, *Épisodies,* 2014
LAVOIE, Frédérick, *Allers simples : Aventures journalistiques en Post-Soviétie,* 2012

**HORS SÉRIE**

CANTY, Daniel, Caroline LONCOL DAIGNEAULT,
Chantal NEVEU, Jack STANLEY, *Laboratoire parcellaire,* 2011

DUCHARME, Thierry, *Camera lucida : entretien avec Hugo Latulippe,* 2009

INKEL, Stéphane, *Le paradoxe de l'écrivain : entretien avec Hervé Bouchard,* 2008

**GRANDS CAHIERS**

LÉVESQUE, Nicolas, *Lutte,* 2013

**FRAYER**

*Frayer* est le cinquante-huitième titre
publié par La Peuplade, fondée en 2006
par Mylène Bouchard et Simon Philippe Turcot.

Design graphique et mise en page
**Atelier Mille Mille**

Révision linguistique
**Aimée Verret**

Correction d'épreuves
**La Peuplade**

.

Couverture
**Atelier Mille Mille**
Avec la permission de Library of Congress,
LC-USZ62-125009
(b&w film copy neg.)

*Frayer* a été mis en page
en Lyon, caractère dessiné par Kai Bernau
en 2009 et en Din Next, caractère dessiné
par Akira Kobayashi en 2009.

Achevé d'imprimer en juillet 2022
sur les presses de l'imprimerie Gauvin
à Gatineau (Québec, Canada)
pour les Éditions La Peuplade.